1 MONTH OF FREE READING

at

www.ForgottenBooks.com

By purchasing this book you are eligible for one month membership to ForgottenBooks.com, giving you unlimited access to our entire collection of over 1,000,000 titles via our web site and mobile apps.

To claim your free month visit: www.forgottenbooks.com/free959372

* Offer is valid for 45 days from date of purchase. Terms and conditions apply.

ISBN 978-0-260-60874-1
PIBN 10959372

This book is a reproduction of an important historical work. Forgotten Books uses state-of-the-art technology to digitally reconstruct the work, preserving the original format whilst repairing imperfections present in the aged copy. In rare cases, an imperfection in the original, such as a blemish or missing page, may be replicated in our edition. We do, however, repair the vast majority of imperfections successfully; any imperfections that remain are intentionally left to preserve the state of such historical works.

Forgotten Books is a registered trademark of FB &c Ltd.
Copyright © 2018 FB &c Ltd.
FB &c Ltd, Dalton House, 60 Windsor Avenue, London, SW19 2RR.
Company number 08720141. Registered in England and Wales.

For support please visit www.forgottenbooks.com

Sur les moyens à prendre pour retirer des assignats de la circulation, & sur la création d'une loterie ;

Présenté à la séance du 3 Pluviôse, an troisième,

Par CAMBON, fils aîné, député par le département de l'Hérault,

AU NOM DU COMITÉ DES FINANCES :

Suivi de divers Projets de Décrets.

IMPRIMÉ PAR ORDRE DE LA CONVENTION NATIONALE.

Vues sur les Assignats.

CITOYENS,

Les armes de la République triomphent ; le courage des généreux défenseurs de l'égalité a fait fuir les satellites des despotes coalisés ; le trône de plusieurs tyrans chancelle ; l'Europe soupire après la paix que la France voudra dicter. Encore quelques efforts, & nous atteindrons le but que nous nous sommes proposé. C'est nous qui devons seconder le dévouement de nos frères d'armes, en mettant dans nos opérations l'ensemble & la prudence qui doivent en assurer le succès.

Les efforts magnanimes que la nation française a fait

A

les a préparés en créant les assignats. Cette monnoie territoriale a rendu de grands services à la révolution, en mettant en circulation la valeur des domaines nationaux, en nous fournissant les moyens de nourrir, équiper & entretenir des armées de terre de 1200 mille hommes, de créer des flottes, de lesciver les terres pour en extraire le salpêtre, de fabriquer des armes; enfin de procurer du travail à tous les citoyens, des indemnités aux familles des défenseurs de la patrie, & des secours aux indigens : elle nous fournira aussi, n'en doutez pas, les moyens de raviver le commerce, de faire fleurir les arts, d'ouvrir des canaux & des routes, de dessécher les marais, & d'élever des monumens dignes de la République française.

Déja depuis l'introduction des assignats jusqu'au commencement de 1793, la richesse territoriale avoit augmenté en France d'une manière satisfaisante; par-tout on s'occupoit des améliorations, des défrichemens & des constructions; les atteliers & les manufactures étoient en grande activité; la loi du *maximum*, les mesures révolutionnaires & le nombre de bras qui sont employés pour la défense commune, ont suspendu ces heureux effets; mais lorsque les esprits seront rassurés ou à la paix, l'industrie nationale prendra un nouvel essor.

Les avantages que cette monnoie a procurés & procurera à la révolution, doivent lui attirer la haine des ennemis de l'égalité & de la liberté; aussi emploient-ils toutes les manœuvres pour la discréditer & l'avilir : mais tous leurs efforts échoueront contre la valeur territoriale qui lui sert de garantie ; il suffit de surveiller les attaques qu'on voudroit lui porter, & elles n'auront aucun effet.

Un des moyens qu'on a employés dernièrement avec quelque succès, a été de publier que vous étiez à la veille de démonétiser les assignats, ou que vous vous proposiez de diminuer de moitié leur valeur monétaire. Ces bruits n'ont pas peu contribué à l'avilissement de nos changes ; mais vous avez rassuré les esprits lorsque vous avez décrété que vous n'adopteriez aucune mesure qui auroit pour but une démonétisation forcée.

Une opinion trop généralement répandue, & qui a pu séduire des hommes de bonne foi, attribue exclusivement la cherté & la rareté des denrées & marchandises à la masse des assignats en circulation ; on s'est fondé sur ce que les productions de la France ne s'élèvoient qu'à deux milliards, tandis que nous avons six milliards d'assignats en circulation : d'après ces bases on a établi que le bonheur du peuple dépendoit du retirement des assignats. Les ennemis de l'égalité & de la liberté, qui n'ont d'autre but que de nous mettre dans l'impossibilité de continuer la guerre, se sont emparés de cette idée pour discréditer notre monnoie territoriale.

Il est de notre devoir de détruire les préventions qui attribuent exclusivement toutes les difficultés que nous éprouvons à la masse des assignats en circulation.

Nous conviendrons que l'excessive émission des assignats a contribué à la hausse dans le prix des denrées & marchandises ; mais la principale cause de l'augmentation qu'elles ont éprouvée, provient du nombre des bras utiles qui sont employés aux armées, & qui font un vide aux besoins de l'agriculture & des ateliers ; elle provient de la rareté des bestiaux & des matières ; elle provient enfin de la consommation excessive que la guerre nécessite.

Quel est l'homme de bonne foi qui ne conviendra pas que le prix de la main-d'œuvre doit être plus chère, lorsque le cinquième de la population active est occupée pour la défense commune ? personne ne pourra disconvenir que la consommation des draps, des souliers, du fer, des chevaux, des vivres, &c. ne soit plus que doublée par les dépenses qu'entraînent les armées. S'il falloit prouver que la France n'est pas le seul pays où la cherté & la rareté des denrées se font sentir, nous ne vous citerions pas l'Espagne, le Piémont ou l'Allemagne ; mais nous prouverions que le prix du bled, de la viande, des chevaux a augmenté d'une manière alarmante dans les pays neutres qui n'ont pas pris part à la guerre, qui n'ont pas des assignats en circulation, & où les transactions se font contre du numéraire.

Les dépenses en productions territoriales qui se font dans ce moment en Europe sont telles, qu'elles ne pourroient pas être continuées sur le même pied, pendant dix années, sans courir le risque d'un épuisement presque total ; elles sont telles, que dans ce moment l'Europe met à contribution les productions de toutes les autres parties du globe, & particulièrement celles des terres nouvellement défrichées dans l'Amérique septentrionale.

Ainsi, la découverte du Nouveau-Monde, qui d'abord avoit servi à rendre esclave une partie des hommes, sert en partie par les productions que nous en tirons, à la défense de notre liberté, & procurera peut-être à l'Europe entière les moyens & l'exemple de rentrer dans ses droits ; mais les denrées que nous en tirons sont nécessairement à un prix plus haut & relatif aux frais des transports qu'elles occasionnent.

Les bons citoyens doivent donc se pénétrer que les privations qu'ils éprouvent sont le résultat des machinations suscitées par les tyrans & provoquées primitivement par les émigrés ; ils doivent se pénétrer qu'elles sont nécessaires au triomphe de l'égalité & de la liberté : l'homme vraiment patriote les supporte avec résignation par l'horreur qu'il a contre la tyrannie ; il les compare toujours avec les fatigues qu'éprouvent les courageux soldats qui combattent pour la défense commune.

En vain les ennemis de la chose publique voudroientils nous alarmer sur la situation de nos finances : jamais, non jamais aucune nation n'a eu autant de ressources que nous en avons ; jamais aussi aucune nation n'a eu autant d'ennemis puissans réunis à combattre ; jamais la nation française n'a développé de si grands moyens & à moins de frais (1).

Les puissances coalisées avoient cru nous asservir en nous occasionnant des dépenses que nous ne pourrions pas acquitter ; mais notre monnoie territoriale a fourni seule & fournira à tous nos besoins ; elle est garantie par une valeur réelle que personne ne peut lui enlever, *tant que la République existera* : ainsi l'hypothèque étant réelle, si l'émission de la monnoie va en augmentant, la valeur de l'hypothèque croît en proportion.

On demandera peut-être encore que nous présentions l'état & la valeur des domaines nationaux ; déjà le citoyen Johannot a établi, dans le rapport qu'il a fait au nom des cinq comités réunis, qu'en vendant les domaines nationaux à raison du denier 40 de leur produit annuel, leur valeur seroit de quinze milliards ; cette estimation est donc relative au prix des ventes qui varie à chaque

_____

(1) Les sommes payées depuis le premier juillet 1790 montent à 9,500,000,000 l. parmi lesquelles se trouve 1,000,000,000 l. remboursement de la dette ancienne ; ainsi les dépenses sont de 8,500,000,000 liv. Les dépenses annuelles et ordinaires de la monarchie, en temps de paix, montoient à 700 millions y compris la dîme ; ainsi la monarchie auroit dépensé dans quatre ans et demi 3,150,000,000 liv. en écus, s'il n'y avoit pas eu de frais extraordinaires : donc la révolution et la guerre ont coûté cinq milliards 350,000,000 liv. en sus des dépenses ordinaires. La guerre d'Amérique a coûté 1,500,000,000 liv. en écus. Qu'on calcule la différence résultant du change sur les 9,500,000,000 l. qui ont été payés en assignats ; qu'on compare sur-tout les efforts que la guerre actuelle et la révolution ont nécessités avec ceux que la France fit pour la guerre d'Amérique, l'on prendra une idée juste de la dépense réelle de la révolution.

inftant, puifque les terres qui fe vendoient en 1789 à raifon du denier 30, fe font vendues, avant la fuppreffion de la loi du *maximum*, à raifon du denier 50, 60 & 70; aujourd'hui que cette loi defaftreufe eft fupprimée, leur valeur doit accroître en proportion de la liberté que vous avez rendue de pouvoir difpofer fans entrave des fruits de la propriété.

D'après les principes que nous avons établis, il paroîtroit que nous ne devrions pas nous occuper de la maffe des affignats qui font en circulation, puifque tout fuivroit le niveau. Les Etats-Unis de l'Amérique, qui les premiers ont proclamé les droits de l'homme, avoient créé des billets au porteur, payables en numéraire, qui n'étoient garantis que par des terres incultes dans un pays peu habité; ces billets leur ont cependant fervi à terminer leur révolution; & lorfque leur gouvernement a été établi, la profpérité & l'aifance ont couronné les efforts qu'ils avoient faits pour l'obtenir.

Quelle différence à fon avantage n'a pas notre monnoie territoriale, puifque nos affignats font des mandats payables en terres fertiles dans un pays très-habité! quel gage plus raffurant pourroit-on fe procurer, fi nous confolidons notre gouvernement républicain! quel état de fplendeur la nation françaife ne doit-elle pas obtenir, lorfqu'elle aura triomphé de tous fes ennemis!

Cependant votre follicitude pour le bonheur de tous a exigé que votre comité des finances vous préfentât les moyens de retirer de la circulation une grande partie des affignats; votre juftice a cru qu'il étoit néceffaire de décréter que vous n'adopteriez aucun moyen qui pourroit porter atteinte à la propriété.

Votre comité s'eft occupé de ce travail qui exigeoit la méditation la plus approfondie fur les rapports les plus intéreffans & les plus délicats de l'ordre focial;

pour l'obtenir.

Le moyen qui se présente d'abord à l'esprit est la démonétisation forcée ; mais, en attaquant le signe monétaire, quelle confiance auroit-on pu avoir dans de nouvelles émissions ! vous auriez discrédité vous-mêmes votre monnoie territoriale, & vous vous seriez peut-être mis dans l'impossibilité de continuer la guerre : aussi votre sagesse vous a-t-elle fait rejeter cette mesure.

Nous aurions pu avoir recours à un impôt extraordinaire, dont le produit auroit servi à diminuer la masse des assignats en circulation ; tout le monde conviendra avec nous que dans les principes de la justice rigoureuse, lorsque la défense commune nécessite des dépenses extraordinaires, la société a le droit d'exiger des personnes qui ont des propriétés, le sacrifice d'une partie de leur produit pour subvenir aux besoins de l'état : cet impôt auroit été même facile à acquitter par la multiplicité du signe qui est en circulation, & par le haut prix auquel se vendent les denrées & marchandises.

Les circonstances ne nous ont pas permis de nous occuper de cette ressource si juste : la loi du *maximum* ayant occasionné des pertes si considérables à l'agriculture & au commerce, il auroit été dangereux dans le moment où vous vous occupez de faire prospérer ces deux branches si essentielles de l'économie politique, de demander aux agriculteurs & commerçans de nouveaux sacrifices qui auroient pu leur enlever les ressources qui leur restoient pour répondre à vos vues.

En août 1793, au moment où vous vous occupiez de retirer des assignats de la circulation, vous n'eûtes pas recours à un impôt extraordinaire ; mais vous voulûtes en retirer un milliard, sur les trois milliards six cents millions qui étoient en circulation : pour y parvenir, vous créâtes un emprunt forcé qui n'avoit d'autre objet que d'établir par une répartition proportionnelle un échange d'assignats contre un effet admissible, deux ans après la paix, en paiement des domaines nationaux qui seroient à vendre à cette époque, sans allouer aucun intérêt ; mais pour adoucir la rigueur de cet échange, vous ouvrîtes un emprunt volontaire en accordant un intérêt de 5 % avec retenue ; ainsi les citoyens pouvoient éviter l'emprunt forcé, & seconder vos vues sans faire d'autre sacrifice que de placer une partie de leurs capitaux d'une manière avantageuse.

Ce décret produisit d'abord les heureux effets que vous en attendiez ; le cours des changes s'améliora ; l'affluence des prêteurs fut considérable ; chaque jour on annulloit quatre à cinq millions du produit de cette recette extraordinaire ; le succès étoit tel que nous espérions qu'il écarteroit de notre législation la loi désastreuse du *maximum*.

Malheureusement des intrigans & des hommes trompés provoquèrent cette loi, qu'on vous présenta comme le palladium de la liberté & le salut du peuple. Dès qu'elle fut décrétée, le produit de l'emprunt volontaire fut moindre ; l'emprunt forcé, qui portoit particulièrement sur les bénéfices commerciaux de l'année, n'eut plus de base. Dans le même temps on établit des taxes révolutionnaires ; l'armée révolutionnaire porta par tout la terreur : enfin les troubles intérieurs, tout parut se réunir pour paralyser le produit des emprunts volontaire & forcé, qui auroit dû être d'un *milliard*, & qui montera aux environs de 180 à 200 millions.

Aujourd'hui la mesure que vous adoptâtes en 179
seroit insuffisante, puisque la masse des assignats en ci
culation, qui étoit de trois milliards six cent millions, e
de six milliards cinq cent millions; elle ne seroit d'ai
leurs d'aucun produit, puisque les bénéfices comme
ciaux sur lesquels elle portoit particulièrement, ont é
nuls pour l'an 2, par l'effet de la loi du *maximum*
c'est ainsi qu'une dérogation aux principes entraîne
funestes effets, même lorsqu'on l'a abandonnée.

Votre comité des finances se trouvant limité, par u
suite des circonstances, dans le choix des mesures à pre
dre pour retirer les assignats de la circulation, a pen
qu'il devoit vous présenter une réunion de moyens libr
& volontaires, combinés de manière à s'entr'aider l'u
l'autre & à se servir de garantie contre le défaut de réu
site de l'un d'eux.

Je vais vous exposer le cadre du travail qu'il a c
devoir vous soumettre, afin que vous puissiez juger
son ensemble.

1°. Il vous propose de créer une loterie pour retir
quatre milliards, ci............ 4,000,000,000 li

Cette loterie est combinée de manière qu'elle ne pr
sente aucune perte à ceux qui s'y intéresseront;
auront l'expectative de divers lots, & la certitude
retirer, en un bon au porteur, la mise qu'ils auront fai
en assignats: la Nation fait quelque sacrifice, mais po
engager les porteurs d'assignats à les échanger cont
un effet qui n'aura plus cours forcé de monnoie, il fa
leur offrir quelque avantage.

2°. Votre comité a pensé qu'il falloit engager l
acquéreurs des domaines nationaux à solder par ant
cipation les termes non échus, tant en admettant po
une partie du paiement les inscriptions sur le *gra
livre* de la dette consolidée, qu'en accordant une prin
à ceux qui se libéreront en entier avec des assignats:

reste dû, sur les ventes déjà faites, un capital d'environ 1,600,000,000 livres ; on peut espérer que cette mesure fera rentrer, dans le cours de cette année, en assignats, huit cents millions, ci . . . 800,000,000 liv.

3°. Votre comité a arrêté un projet de décret pour accélérer la vente du mobilier des émigrés, condamnés ou déportés ; ces richesses qui, à Paris, dépérissent enfouies dans des hôtels, coûtent des frais de loyer, d'entretien & de garde : en les vendant promptement, elles pourront faire rentrer en assignats deux cents millions, ci . . . . 200,000,000 liv.

4°. Votre comité a arrêté de vous proposer de fixer à un quart de la valeur des ventes le premier paiement des domaines nationaux à vendre, sans rien changer aux autres termes. Cette mesure préviendra les abus qui vous ont été dénoncés : des intrigans se rendent adjudicataires à tout prix ; devenus propriétaires, ils vendent en détail les arbres & les matériaux : au second paiement, la Nation est obligée de revendre à la folle enchère, en supportant la perte que les détériorations occasionnent ; il est donc nécessaire que vous mettiez à couvert les intérêts de la République : vous accélérerez en même temps la rentrée des assignats.

5°. Le décret que vous avez rendu pour autoriser les transactions amiables pour les affaires de commerce des émigrés, déportés ou condamnés, doit produire, cette année, en assignats, une rentrée qu'on peut évaluer à cent millions, ci . . . . 100,000,000 liv.

6°. Vos comités de législation & des finances ont arrêté de vous proposer le mode qui doit régler avec les parens des émigrés la portion qui revient à la Nation dans les héritages : cette mesure, en accélérant le paiement de ce qui est dû à la République, doit faire rentrer en assignats cinq cent millions, ci....500,000,000 l.

Tous ces moyens réunis offrent un ensemble qui,

s'ils ont le succès que nous en espérons, présentent une rentrée prochaine de *six milliards*. Nous n'avons rien négligé pour en accélérer l'exécution : tous les rapports & les projets de décrets qu'ils nécessitent, sont prêts.

Notre travail n'a eu d'autre but que de répondre au desir que vous avez souvent manifesté de retirer des assignats de la circulation : vous examinerez d'abord s'il est nécessaire de prendre des mesures pour hâter ce retirement.

Votre comité a pensé qu'il ne falloit pas tout sacrifier aux besoins du moment ; nous avons donc combiné les mesures que nous vous proposons, de manière qu'en retirant une masse d'assignats, les rentrées successives ne fussent pas arrêtées : ainsi, si les besoins du gouvernement exigent de nouvelles émissions, nous avons ménagé à l'avance des moyens toujours actifs pour en perpétuer le retirement.

Les mesures que nous vous proposons reposent absolument sur la confiance ; aussi leur succès est-il étroitement lié avec ceux d'un gouvernement républicain qui soit juste & ferme envers tous, qui protège également les personnes & les propriétés.

Il faut que le gouvernement ait une marche assurée : car, vous le savez, citoyens, en général la marche vacillante des gouvernemens est une des causes qui amène promptement leur discrédit & leur chûte ; il faut que le corps politique prenne de l'ensemble, que les divisions intestines cessent, que les dénominations de parti que la révolution a créées disparoissent, que la partie administrative prenne enfin une stabilité & des formes simples.

Déja vous avez amélioré le crédit national & détruit les espérances des ennemis de la République, par la marche vraiment républicaine que vous avez tenue, lorsque vous avez appris qu'on avoit osé parler de la royauté ; vous avez amélioré le crédit national & tranquillisé les bons citoyens, en repoussant par un décret juste les bruits que les émigrés avoient osé répandre de leur prochaine rentrée en France ; vous avez amélioré le crédit national en rappelant les hommes utiles & laborieux que les événemens de la révolution avoient fait fuir, & en les distinguant de ces hommes entichés de préjugés, qui ont fui leur patrie pour la faire assassiner; vous avez enfin amélioré le crédit national en travaillant au rétablissement de l'ordre & de la justice.

Occupons-nous exclusivement du bonheur du peuple ; que tout le monde puisse être heureux ; repoussons tout ce qui pourroit porter atteinte à la propriété ; maintenons toutes les institutions politiques dans des principes républicains & démocratiques : c'est alors que vous aurez amélioré le crédit national, que nous pourrons faire fleurir le commerce & les arts, que nous établirons un système durable pour les finances, & que nous jouirons de la prospérité publique, fruit de notre révolution.

Plan d'une loterie pour retirer de la circulation quatre milliards en assignats.

Parmi les moyens que votre comité des finances a cru devoir vous proposer pour retirer des assignats de la circulation, se trouve la création d'une loterie qui peut en faire rentrer jusqu'à concurrence de *quatre milliards* : je suis chargé de vous présenter ce projet.

Cette loterie ne présente aucune perte pour ceux qui s'y intéresseront : ils auront l'expectative de divers lots, & particulièrement de cinq cents mille livres ; la chance la plus défavorable sera de retirer la mise de fonds en un bon au porteur qui portera trois pour cent d'intérêt annuel, & qui servira, à la volonté du propriétaire,

1°. Au paiement des domaines nationaux qui font à vendre, en fournissant en même-temps pareille somme en assignats;

2°. Au placement du capital & intérêts acquis en inscriptions sur le grand livre de la dette consolidée, à raison du denier *vingt*;

3°. Au placement du capital & intérêts acquis en inscriptions sur le grand livre de la dette viagère, pour l'intérêt viager fixé d'après l'âge du prêteur, à l'époque du placement.

Ceux qui s'intéresseront à la loterie pour cinq billets, auront un bénéfice assuré; ceux qui s'y intéresseront pour dix billets, en auront un plus fort, ainsi de suite, suivant le nombre de billets qu'on prendra.

La loterie que nous vous proposons ne laissera donc après elle ni désespoir ni regret, quoique le sort y soit appelé pour distribuer le gain : elle ne ressemble en rien à ces jeux qui, sous l'appât d'un gain énorme, ou d'une fausse lueur, soutireroient à l'honnête artisan le produit d'un travail qui auroit dû donner de l'aisance à ses enfans.

La nation fait un sacrifice d'une somme qui est divisée en primes que le hasard distribue; si vous voulez accélérer le retirement des assignats, il faut que vous employiez des moyens coërcitifs ou forcés, & vous les avez justement écartés; ou il faut offrir des avantages à ceux qui porteront volontairement leurs assignats : car toute la science de la finance consiste à présenter ces moyens sous diverses formes; ainsi, ou employez des moyens forcés, ou offrez des avantages, ou renoncez à retirer des assignats de la circulation, & attendez qu'ils rentrent par le paiement des domaines nationaux.

Les moyens d'une grande nation doivent être vastes & simples; une loterie pour *quatre milliards* auroit quelque chose de gigantesque, si la clarté & la simplicité de son mécanisme n'en rendoient l'exécution facile, & n'en faisoient appercevoir d'un coup d'œil toutes les combinaisons en rassurant les personnes les moins éclairées sur l'exactitude de ses résultats; c'est ce que nous avons cherché à obtenir.

La loterie sera composée de quatre millions de billets de mille livres, ce qui produiroit quatre milliards.

Ils seront divisés en quatre séries composées d'un million de billets, numérotés depuis *un* jusqu'à *un million*, en distinguant la série à laquelle ils appartiendront.

Pour faciliter à tous les citoyens les moyens de concourir au retirement des assignats & de profiter des avantages que présente la loterie, le dixième des billets dans chaque série sera divisé en coupons de cent livres chaque.

La vente des billets & des coupons sera faite dans tous les districts, & au lieu de la résidence de l'ambassadeur de la République en Suisse. Le payeur qui est établi auprès de cet ambassadeur, nous fournit les moyens de donner cette marque d'attachement à nos fidèles alliés les Suisses, qui recevant les assignats en échange des marchandises qu'ils nous fournissent, pourront trouver un nouveau placement avantageux de leurs capitaux.

Le comité des finances sera chargé d'arrêter toutes les mesures d'exécution. Nous espérons que les bureaux de l'agence de l'enregistrement qui sont établis dans presque tous les cantons de la République, nous procureront les moyens de faire vendre ces billets presque à la porte de tous les citoyens.

Les assignats qui rentreront du produit des billets seront annullés & envoyés à la trésorerie nationale, comme ceux provenant de la vente des domaines nationaux, pour être brûlés.

Quatre mois après l'ouverture de la loterie, le tirage en sera fait à une séance de la Convention; nous

Pour l'exécuter, on mettra dans une urne dix boules d'égale grosseur, sur lesquelles seront inscrits les numéros 0, 1, 2, 3, 4, 5, 6, 7, 8, 9; après les avoir mêlées, on en sortira une : le président proclamera le numéro sorti, & remettra la boule aux secrétaires qui le transcriront.

La boule sortie sera remise dans l'urne; la première opération sera répétée quatre fois, pour obtenir cinq numéros qui seront transcrits sur une même ligne à la suite l'un de l'autre, suivant leur ordre de sortie.

Ces opérations terminées, on mettra dans une autre urne dix boules d'égale grosseur, portant les numéros 1, 2, 3, 4, 5, 6, 7, 8, 9, 10; après les avoir mêlées, on en sortira une : le président proclamera le numéro, & remettra la boule aux secrétaires, qui, si c'est une unité, la transcriront à la suite des cinq autres numéros sortis.

Ainsi, si les cinq premiers tirages fournissent cinq zéros & le sixième n°. 1, il en résulteroit 000001 — numéro *un*.

Si les cinq premiers tirages fournissent cinq fois

n°. 2 & le sixième n°. 3, il en résulteroit 222223 — numéro *deux cent vingt-deux mille deux cents ving-trois*.

Si le premier tirage fournit *zéro*, le second n° 1, le troisième n°. 9, le quatrième, *zéro*, le cinquième n°. 1, & le sixième n°. 9, il en résulteroit 019019 — numéro *dix-neuf mille dix-neuf*.

Si le numéro *dix* sort au sixième tirage, les secrétaires transcriront la figure 1 sous le cinquième chiffre, & la figure 0 à la suite en dehors : ils additionneront.

Ainsi, si les cinq premiers tirages fournissent cinq fois n°. 3, & le sixième n°. 10, il en résulteroit 33333 numéro *trois cents trente-trois mille trois cents*
10
—————
333,340

quarante.

Si le premier tirage fournit n°. 3, le second n°. 7, le troisième n°. 4, le quatrième n°. 8, le cinquième *zéro*, le sixième n°. 10, il en résulteroit 37480
10
———
374810

numéro *trois cent soixante-quatorze mille huit cent dix*.

Par ce moyen le million des numéros qui concourent au tirage de la loterie peuvent être composés sans aucun avantage, tous ayant les mêmes chances à courir.

Les secrétaires remettront au président le numéro qu'ils auront composé par le résultat des opérations que nous avons détaillées : le président le proclamera ; il en sera fait mention dans le procès-verbal ; il sera imprimé dans les bulletins de correspondance & des lois, ce qui servira de liste.

Le numéro composé qui sortira, réglera le sort des quatre millions de billets. Tout le monde pourra reconnoître

&

& calculer par les bulletins la somme qui lui reviendra sur les quatre millions de lots suivans.

4 lots de	500,000 liv...	2,000,000 liv.
36 de	250,000.....	9,000,000
360 de	100,000.....	36,000,000
3,600 de	20,000.....	72,000,000
36,000 de	2,000.....	72,000,000
360,000 de	1,500.....	540,000,000
400,000 de	1,150.....	460,000,000
3,200,000 de	1,000.....	3,200,000,000
4,000,000 lots.		4,391,000,000 liv.

Ainsi, la nation auroit reçu quatre milliards & en rembourseroit quatre milliards trois cent quatre-vingt onze millions; ce qui fait un sacrifice à raison de $9\frac{275}{1000}$ pour cent, ou trois cent quatre-vingt-onze millions, qui forment l'excédant des mises.

Les lots seront distribués de la manière suivante :

Ceux de cinq cent mille livres appartiendront dans les quatre séries d'un million, aux numéros sortis : ainsi, si le n°. 19019 sortoit, les quatre n°s. 19019 qui se trouvent dans les quatre séries auroient les lots de 500,000 liv.

Les lots de deux cent cinquante mille livres appartiendront aux porteurs des numéros distans. de *cent mille* en *cent mille*, en partant du numéro qui suivra celui sorti : en supposant que ce soit le n°. 19019, les n°s. 119019 = 219019, & ainsi de suite de *cent mille* en *cent mille* dans les quatre séries, auroient droit aux lots de 250,000 liv.

Les lots de *cent mille livres* appartiendront aux porteurs des numéros distans de *dix mille* en *dix mille*,

Rapport par Cambon.   B

29019 = 39019, & ainsi de suite, de *dix mille* en *dix mille*, auroient droit aux lots de 100,000 liv.

Les lots de *vingt mille livres* appartiendront, d'après les mêmes bases, aux porteurs des numéros distans de *mille* en *mille* : en supposant que le n°. 19019 sorte, les n°ˢ 20019 = 21019, & ainsi de suite, de *mille* en *mille*, auroient droit aux lots de 20,000 lv.

Les lots de *deux mille livres* appartiendront, d'après les mêmes bases, aux porteurs des numéros distans de *centaine* en *centaine* : en supposant que le n°. 19019 sorte, les n°ˢ 19119 = 19219, & ainsi de suite, de centaine en centaine, auroient droit aux lots de 2,000 livres.

Les lots de *quinze cents livres* appartiendront, d'après les mêmes bases, aux numéros de *dixaine* en *dixaine* : en supposant que le n°. 19019 sorte, les numéros 19029 = 19039, & ainsi de suite de *dixaine* en *dixaine*, auroient droit aux lots de 1500 livres.

Les lots de *onze cent cinquante livres* appartiendront, d'après les mêmes bases, aux numéros de *cinq* en *cinq* : toujours dans la supposition que le n°. 19019 sorte, les numéros 15024 = 19034, & ainsi de suite de *dixaine* en *dixaine*, auroient droit aux lots de 1150 livres.

Les lots de mille livres appartiendroient à tous les autres numéros.

Ceux qui auront eu des lots supérieurs ne participeront pas aux lots inférieurs, aucun numéro ne devant pas avoir deux lots ; cependant ceux qui auront les lots supérieurs, seront comptés pour régler le sort des autres.

Cette exception est cause que les lots qui doivent être distribués de *cinq* en *cinq*, paroissent l'être de dixaine en dixaine, puisque nous ne citons dans l'exemple que les n°ˢ. 19024 = 19034, &c. ; mais on observera que les n°ˢ. 19029 = 19039 ont participé aux lots de 1500 livres.

Il résulte de ces diverses combinaisons que le numéro qui sera composé par le tirage règle le sort de tous les intéressés, & que tout le monde peut s'assurer un bénéfice certain en prenant un nombre de billets.

Ainsi, celui qui prendra un coupon de *cent livres* aura la certitude de recevoir un bon de cent livres, & l'expectative de pouvoir bénéficier jusqu'à 49,900 livres en sus pour le dixième d'un lot.

Celui qui prendra un billet de *mille livres* aura la certitude de recevoir un bon de *mille livres*, & l'expectative de divers lots qui pourront lui procurer un bénéfice depuis 350 livres jusqu'à 499,000 livres en sus.

Avec 1000 liv. on pourra prendre dix coupons de 100 liv.; on aura la certitude de retirer 1065 livres, mais on n'aura l'expectative que d'un bénéfice de 49,950 liv. en sus.

Celui qui prendra *cinq* numéros d'une même série paiera *cinq mille livres*; il aura la certitude de gagner

4 lots de 1,000 l.	4,000 l.
1 lot de 1,150	1,150
	5,150 l.

Bénéfice certain 150 livres, & l'expectative des lots supérieurs qui augmenteroient le bénéfice jusqu'à 498,850 livres en sus.

Celui qui prendra *dix* numéros d'une même série paiera 10,000 livres; il aura la certitude de gagner

8 lots de.	1,000 l.	8,000 l.
1 lot de.	1,150	1,150
1 lot de.	1,500	1,500
10 lots		10,650

Bénéfice certain 650 livres, avec l'expectative des lots supérieurs qui peuvent l'augmenter jusqu'à 499,150 liv.

paieroit 1,000,000 livres; il feroit certain d'avoir
- 800 lots de.... 1,000 l..... 800,000 l.
- 100 id. de.... 1,150 115,000
- 90 id. de.... 1,500 135,000
- 9 id. de.... 2,000 18,000
- 1 id. de.... 20,000 20,000

1,000 lots   1,088,000 l.

Bénéfice certain 88,000 liv., que le hazard peut porter jusqu'à 480,000 livres en fus.

Celui qui prendroit *dix mille* numéros d'une même férie paieroit 10,000,000 livres; il feroit certain d'avoir
- 8,000 lots de.... 1,000 l..... 8,000,000 l.
- 1,000 lots de.... 1,150 1,150,000
- 900 lots de.... 1,500 1,350,000
- 90 lots de.... 2,000 180,000
- 9 lots de.... 20,000 180,000
- 1 lot de.... 100,000 100,000

10,000 lots   10,960,000 l.

Bénéfice, certain 960,000 livres, que le hazard peut porter jusqu'à 400,000 livres en fus.

Celui qui prendroit *cent mille* numéros d'une même

férie paieroit 100,000,000 liv.; il feroit certain d'avoir

80,000 lots de	1,000 l.	80,000,000 l.
10,000	1,150	11,500,000
9,000	1,500	13,500,000
900	2,000	1,800,000
90	20,000	1,800,000
9	100,000	900,000
1	250,000	250,000
100,000 lots		109,750,000 l.

Bénéfice certain 9,750,000, qui peut être augmenté de 250,000 liv.

Celui qui prendroit *un million* de billets d'une même férie paieroit *un milliard*; il feroit certain d'avoir

800,000 lots de	1,000 l.	800,000,000 l.
100,000	1,150	115,000,000
90,000	1,500	135,000,000
9,000	2,000	18,000,000
900	20,000	18,000,000
90	100,000	9,000,000
9	250,000	2,250,000
1	500,000	500,000
1,000,000 lots		1,097,750,000 l.

Bénéfice certain 97,750,000, fans aucun efpoir d'augmentation.

Ces diverfes combinaifons fourniront à ceux qui voudront faire des placemens les moyens de les faire avec une prime certaine; il fuffira de prendre des numéros qui fe fuivent : ceux qui voudront courir la chance de plufieurs lots, pourront auffi fatisfaire leurs defirs en prenant des numéros dans diverfes féries.

La Nation ne court prefque point de rifques en tirant la loterie, quand bien même elle ne feroit pas remplie, puifque la répartition des lots fe fera d'une manière relative : ainsi, en supposant qu'il n'y eût qu'un million de billets placés, la République resteroit propriétaire des trois autres séries *d'un million*; elle n'accorderoit alors que 97,750,000 de prime pour *un milliard* qui seroit rentré en assignats.

Le paiement des lots remplacera la mise des fonds; il sera fait avec des bons au porteur produisant un intérêt annuel, lequel accroîtra le capital jusqu'à leur emploi.

Cet intérêt commencera le jour du tirage de la loterie.

Les bons pourront être employés à la volonté du propriétaire :

1°. En paiement des domaines nationaux à vendre, en fournissant, en même-temps pareille somme en assignats ;

2°. En inscriptions sur les grands livres de la dette consolidée ou viagère.

Votre comité a cru devoir réunir tous les avantages compatibles avec l'intérêt de la République, afin de satisfaire, autant que possible, à toutes les convenances particulières.

L'intérêt de trois pour cent donne au propriétaire d'un bon le temps de chercher à l'employer à son gré ; en attendant, son capital s'accroît en ses mains.

Cet intérêt monteroit à 131,730,000 livres pour les quatre milliards qui auroient été fournis, & pour les primes allouées, ce qui fait $3\frac{22}{100}$ pour cent par an sur la somme reçue ; mais il ne sera pas payé en assignats.

Les personnes qui préféreront des domaines nationaux pourront acheter ceux qui leur conviendront le mieux. Nous avons préféré accorder cette liberté indéfinie, au projet de désigner pour lot telle ou telle maison ou propriété, dont on avoit donné d'abord l'idée, parce

s pouvoient être admis seuls en paiem
s nationaux à vendre, la recette pour
qu'avec cette nature d'effets : dès lors la r
gnats pourroit être arrêtée.

que nous vous proposons pour remédie
ient est une nouvelle mesure, presqu'a
la loterie, pour faire rentrer des assigna
osant que tous les bons soient employés
des domaines nationaux, il rentreroit néc
iatre autres milliards en assignats.

dition est onéreuse, mais elle est compen
e que la Nation sacrifie, par les avantages
ès chances, par l'intérêt alloué aux bons
ites ces conditions étant liées ensemble.
erverez d'ailleurs que s'il est nécessaire
ssignats de la circulation, il n'est pas m
e ménager le gage : c'est ce qui nous a dé

Cette exception eft néceffaire pour faciliter aux pe
fonnes qui auroient gagné un lot de forte fomme,
qui n'auroient pas des affignats, les moyens de placer l
bons qu'ils recevront en paiement ; elle eft avantageufe
la République, en ce qu'elle accélérera la vente des pro
priétés qui pourroient dépérir entre fes mains, & qui l
font onéreufes par la mauvaife adminiftration des ager
qu'elle eft dans la néceffité d'employer.

Le placement en infcriptions fur le grand livre de
dette confolidée offre une reffource avantageufe aux pro
priétaires des bons au porteur, puifqu'au lieu d'un intéré
annuel à trois pour cent, ils en auront un de cinq pou
cent, fujet à la retenue ; mais alors ils renoncent à la facult
illimitée d'employer leur bons en paiement des domaines
ils acquièrent le droit à un paiement annuel, tranfmiffibl
à volonté.

Si tous les bons étoient placés en infcriptions fur *le gran
livre* de la dette confolidée, l'opération que nous vou

proposons se borneroit à un emprunt de quatre milliards, auquel vous accorderiez 391,000,000 de primes, & qui nécessiteroit des inscriptions pour 218,650,000 livres, lesquelles, en supposant que la retenue fût du cinquième ou 44,662,500 liv., nécessiteroient un paiement annuel de 173,987,500 liv., ou 4 $\frac{35}{100}$ pour cent sur les quatre milliards reçus; mais alors le gage des assignats feroit libéré des quatre milliards.

Votre comité a pensé que vous deviez peu craindre ce placement total en inscriptions sur le *grand livre* de la dette consolidée ; il a pensé qu'on pouvoit l'évaluer au plus à une somme égale des inscriptions qui pourront être données en paiement des domaines nationaux : ainsi, la dette consolidée & le gage des assignats n'éprouveroient aucun changement.

Le placement des bons au porteur en inscriptions sur le grand livre de la dette viagère, offre aux vieillards ou personnes peu fortunées les moyens d'améliorer leur existence en aliénant leurs capitaux; mais ne croyez pas que nous vous proposions de faire revivre les opérations genevoises que vous avez si justement réformées.

Le placement ne pourra se faire que sur la tête même du propriétaire ; le paiement annuel sera insaisissable : l'intérêt viager est calculé de manière que, d'après l'ordre de mortalité humaine, il est équivalent à un intérêt perpétuel de trois pour cent : ce qui met les intérêts de la nation à l'abri de toutes les combinaisons des spéculateurs, puisqu'il sera fixé d'après l'âge des prêteurs.

Ainsi, celui qui placera en viager, hasardera une partie de son capital pour avoir la chance d'en retirer un plus fort ; mais il est au moins certain que, d'après son âge & d'après l'ordre de mortalité humaine, la nation lui accorde un intérêt viager équivalent à un intérêt perpétuel à raison de trois pour cent, & le remboursement de son capital dans un temps relatif à son âge actuel : ainsi, le vieillard & l'enfant peuvent placer en viager d'une manière également juste.

Les inscriptions sur le *grand livre* de la dette viagère étant soumises à une retenue qu'on peut estimer un dixième, l'intérêt viager que vous accordez, sur-tout aux vieillards, n'est pas l'équivalent d'un intérêt perpétuel à trois pour cent : les motifs qui ont déterminé votre comité dans la fixation de cet intérêt, sont le remboursement annuel du capital que la nation s'engage de faire en contractant l'obligation de payer une rente viagère ; au lieu que les bons au porteur, employés au paiement des domaines nationaux, n'entraînent aucun remboursement réel, & que le placement en inscriptions sur le grand livre de la dette consolidée constitue le capital en perpétuel.

Il résulte du taux de l'intérêt viager que nous vous proposons d'allouer, qu'un citoyen âgé de 30 ans, qui placera 10,000 livres à la loterie, aura l'expectative de recevoir jusqu'à 509,150 livres en bons au porteur; dans le cas le moins heureux, il en recevra toujours 10,650 liv., qui, placées en viager à raison de 5 $\frac{9031}{10000}$ pour cent, produiront 530 livres, sur lesquelles il faut déduire le dixième ou 53 livres : reste net 477 livres, rente viagère, pour les 10,000 livres qu'il a fournies.

Un citoyen âgé de 65 ans, qui placera 1000 livres à la loterie, aura l'expectative de retirer en bons au porteur jusqu'à 500,000 livres ; dans la position la moins heureuse, il en recevra pour 1000 livres, qui, placées en viager à raison de 12 $\frac{424}{10000}$ pour cent, produiront 120 l., sur lesquelles il faut déduire le dixième ou 12 liv. : reste net 108 liv., rente viagère, pour les 1000 liv. fournies.

Un citoyen âgé de 90 ans, qui placera 100 livres à la loterie, aura l'expectative de retirer en bons au porteur jusqu'à 50,000 livres ; dans la position la moins heureuse, il recevra un bon de 100 liv., qui placées en viager, produiront à raison de 55 $\frac{7414}{10000}$ pour cent 56 liv., sur lesquelles il faut déduire le dixième ou 5 $\frac{1}{12}$: reste net 50 liv. 8 s., rente viagère, pour les 100 l. fournies.

Mais comme dans les placemens en viager la nation pourroit s'exposer à des paiemens annuels trop considérables, votre comité a cru qu'il convenoit d'y mettre une limite: en conséquence, il vous propose de décréter qu'on ne pourra se procurer en rentes viagères une somme au-dela du double du taux fixé par les lois des 23 floréal & 8 messidor dern'ers, en y comprenant même les rentes actuellement existantes ; ce qui fait

3000 l. pour les citoyens âgés au-dessous de 30 ans.
4000 pour ceux de 30 à 40 ans.
5000 pour ceux de 40 à 50 ans.
7000 pour ceux de 50 à 60 ans.
9000 pour ceux de 60 à 70 ans.
11,000 pour ceux de 70 à 80 ans.
16,000 pour ceux de 80 à 90 ans.
21,000 pour ceux de 90 ans & au-dessus.

La question du retirement des assignats mérite la discussion la plus étendue; je le répète, vous aurez à examiner :

1°. S'il convient de hâter ce retirement;

2°. S'il faut accorder des avantages & faire des sacrifices pour l'obtenir;

3°. Si les moyens que nous vous proposons peuvent remplir l'objet que vous vous êtes proposé.

En hâtant le retirement des assignats, vous sacrifiez en tout ou en partie les intérêts que les acquéreurs paient annuellement, ce qui atténue le gage.

En admettant des primes par une loterie, vous faites un sacrifice; mais c'est le seul moyen que votre comité a reconnu propre à assurer le succès. Les assignats sont

PLAN figuratif d'une liste des lots gagnans, si le numéro 900,001 sortoit par le résultat du tirage.

900,001	500,000tt	900,032	1,000tt
2	1,000	33	1,000
3	1,000	34	1,000
4	1,000	35	1,000
5	1,000	36	1,150
6	1,150	37	1,000
7	1,000	38	1,000
8	1,000	39	1,000
9	1,000	40	1,000
10	1,000	41	1,500
11	1,500	42	1,000
12	1,000	43	1,000
13	1,000	44	1,000
14	1,000	45	1,000
15	1,000	46	1,150
16	1,150	47	1,000
17	1,000	48	1,000
18	1,000	49	1,000
19	1,000	50	1,000
20	1,000	51	1,500
21	1,500	52	1,000
22	1,000	53	1,000
23	1,000	54	1,000
24	1,000	55	1,000
25	1,000	56	1,150
26	1,150	57	1,000
27	1,000	58	1,000
28	1,000	59	1,000
29	1,000	60	1,000
30	1,000	61	1,500
31	1,500	62	1,000

900,063	1,000 ††	900,098	1,000 ††
64	1,000	99	1,000
65	1,000	900,100	1,000
66	1,150		
67	1,000	900,101	2,000
68	1,000	201	2,000
69	1,000	301	2,000
70	1,000	401	2,000
71	1,500	501	2,000
72	1,000	601	2,000
73	1,000	701	2,000
74	1,000	801	2,000
75	1,000	900,901	2,000
76	1,150		
77	1,000	901,001	20,000
78	1,000	2,001	20,000
79	1,000	3,001	20,000
80	1,000	4,001	20,000
81	1,500	5,001	20,000
82	1,000	6,001	20,000
83	1,000	7,001	20,000
84	1,000	8,001	20,000
85	1,000	909,001	20,000
86	1,150		
87	1,000	910,001	100,000
88	1,000	920,001	100,000
89	1,000	930,001	100,000
90	1,000	940,001	100,000
91	1,500	950,001	100,000
92	1,000	960,001	100,000
93	1,000	970,001	100,000
94	1,000	980,001	100,000
95	1,000	990,001	100,000
96	1,150		
97	1,000	1	250,000

100,001	250,000tt	500,001	250,000tt
200,001	250,000	600,001	250,000
300,001	250,000	700,001	250,000
400,001	250,000	800,001	250,000

On rédigera la liste en suivant chaque numéro comme les premiers cent numéros.

PROJET DE DÉCRET

POUR LA CRÉATION D'UNE LOTERIE

Pour retirer de la circulation quatre milliards en assignats ;

Présenté, au nom du Comité des finances,

Par CAMBON, député par le département de l'Hérault. Séance du 3 pluviôse, an IIIe.

La Convention nationale, après avoir entendu le rapport du comité des finances, décrète :

ARTICLE PREMIER.

Il sera créé une loterie pour retirer de la circulation quatre milliards en assignats.

II.

Elle sera composée de quatre millions de billets de mille livres, qui seront distribués en quatre séries, & numérotés depuis n°. 1 jusqu'à n°. 1,000,000, en distinguant les séries.

III.

Pour faciliter à tous les citoyens les moyens de concourir au retirement des assignats, quatre cent mille de ces billets pris par égale portion, dans chaque série, seront divisés chacun en dix coupons de cent livres.

IV.

Chacun de ces coupons portera le numéro du billet auquel ils appartiendront, avec ces mots: *coupon du n°.*

V.

Quatre mois après l'ouverture de la loterie, le tirage sera fait à une séance extraordinaire de la Convention.

VI.

Il y sera procédé, en mettant dans une urne dix boules d'égale grosseur, portant les numéros 0, 1, 2, 3, 4, 5, 6, 7, 8, 9. Après les avoir bien mêlées, il en sera sorti une dont le président proclamera le numéro; les secrétaires le transcriront.

La boule qui sortira sera remise de suite dans l'urne, & la première opération sera répétée quatre autres fois afin d'obtenir cinq numéros qui seront transcrits sur une même ligne, à la suite l'un de l'autre, suivant leur ordre de sortie.

Ces opérations terminées, on mettra dans une autre urne dix boules d'égale grosseur, portant les numéros 1, 2, 3, 4, 5, 6, 7, 8, 9, 10. Après les avoir bien mêlées, on en sortira une dont le président proclamera aussi le numéro; si c'est une unité, le secrétaire la transcrira à la suite des autres cinq numéros sortis: ainsi, si les cinq premiers tirages fournissoient cinq fois numéro *neuf*, & le sixième numéro *un*, il en résulteroit n°. 999,991.

Si les cinq premiers tirages fournissoient cinq *zéros*

Rapport par Cambon. C

& le fixième numéro *un*, il en réfulteroit numéro 1.

Si le numéro *dix* fort au fixième tirage, le f tran'crira le figure 1, fous le cinquième chi aura tranfcrit, & la figure o, en dehors; il a nera, ainfi, fi les cinq premiers tirages four cinq fois numéro *neuf*, & le fixième numéro d réfulteroit . . . . 999,99.

10 à additionner.

1,000,000 numéro *un million*

Si les cinq premiers tirages fourniffoient cinq z fixième numéro *dix*, il en réfulteroit 00000.

10 à add

10 num

V I I.

Deux fecrétaires préfenteront au préfident le réfultant des tirages & opérations mentionnés ticle précédent, dont ils auront tenu note; le le proclamera: il fera tranfcrit dans le procès il fera imprimé dans les bulletins de correfpon des lois; ce qui tiendra lieu de publicatio

Les quatre lots de cinq cent m
dront aux porteurs des numéros
dans chacune des quatre séries d'

X.

Les trente-six lots de *deux cent*
appartiendront aux porteurs des n
en cent mille, en partant du num
résultant du tirage, en exceptant c
échus les lots supérieurs; ces nu
ront cependant dans le compte.
 Ainsi, si le numéro 999,991 for
tirage, les numéros 99,991 = 1
399,991 = 499,991 = 599,9
799,991 = 899,991, dans ch
droit aux 36 lots de 250,000 liv.

XI.

Les trois cent soixante lots de c
tiendront aux porteurs des numéro
mille, en partant du numéro qui

XII.

Les trois mille six cents lots de *vingt mille livres* appartiendront aux porteurs des numéros de mille en mille, en partant du numéro qui suivra celui résultant du tirage, en exceptant ceux auxquels seroient échus les lots supérieurs; ces numéros exceptés entreront cependant dans le compte.

Ainsi, si le numéro 999,991 sortoit par le résultat du tirage, les numéros 991 = 1991 = 2991 = 3991, & ainsi de suite, de mille en mille, dans chaque série, auroient droit aux 3,600 lots de 20,000 liv.

XIII.

Les trente-six mille lots de *deux mille livres* appartiendront aux porteurs des numéros de centaine en centaine, en partant du numéro qui suivra celui résultant du tirage, en exceptant ceux auxquels seroient échus les lots supérieurs; les numéros exceptés entreront cependant dans le compte.

Ainsi, si le numéro 999,991 sortoit par le résultat du tirage, les numéros 91, 191, 291, 391, 491, & ainsi de suite de centaine en centaine, dans chaque série, auroient droit aux 36,000 lots de 2,000 liv.

XIV.

Les trois cent soixante mille lots de *quinze cents livres* appartiendront aux porteurs des numéros de dixaine en dixaine, en partant du numéro qui suivra celui résultant du tirage, en exceptant ceux auxquels seroient échus les lots supérieurs; les numéros exceptés entreront cependant dans le compte.

Ainsi, si le numéro 999,991 sortoit par le résultat du tirage, les numéros 1, 11, 21, 31, 41, 51, & ainsi de dixaine en dixaine, dans chaque férie, auroient droit aux 360,000 lots de 1,500 liv.

X V.

Les quatre cent mille lots de *onze cent cinquante livres* appartiendront aux porteurs des numéros de cinq en cinq, en partant du numéro qui suivra celui résultant du tirage, en exceptant ceux auxquels seroient échus les lots supérieurs; les numéros exceptés entreront cependant dans le compte.

Ainsi, si le numéro 999,991 sortoit par le résultat du tirage, les numéros (1) 999,996, 6, 16, 26, 36, 46, 56, & ainsi de suite de dixaine en dixaine, dans chaque férie, auroient droit aux 400,000 lots de 1,150 liv.

X V I.

Les lots de *mille livres* appartiendront aux porteurs de tous les autres numéros.

X V I I.

Le paiement des lots sera fait aux porteurs des billets, en remplacement de leur mise de fonds, avec des bons au porteur auxquels il sera alloué un intérêt annuel de trois pour cent, lequel s'accroîtra au capital jusqu'au moment de l'emploi des bons.

---

(1) Ces lots doivent être comptés de cinq en cinq; ainsi, numéro 999,906, numéro 1 = 6 = 11 = 16, etc. y auroient droit; mais les numéros 1 = 11 = 21 ayant eu un lot de 1500 l. en sont exceptés.

X X.

Ils seront reçus en capital & intérêts acquis, en paiement des maisons situées dans les villes dont la population est de trente mille âmes & au-dessus, qui seront vendues après la publication du présent décret, sans qu'il soit nécessaire de fournir des assignats.

X X I.

Ils pourront aussi être convertis en inscriptions sur le *grand livre* de la dette consolidée; ils y seront inscrits à raison du denier 20 du montant de leur capital & des intérêts qu'ils auront acquis.

X X I I.

Ils pourront aussi être convertis en inscriptions sur le *grand livre* de la dette viagère; ils y seront inscrits pour l'intérêt calculé d'après le taux déterminé pour chaque âge à la table jointe au présent décret, du montant de leur capital & de l'intérêt qu'ils auront acquis.

XXIII.

Le placement qui sera fait en viager ne pourra pas excéder le double du *maximum* fixé par les lois des 23 floréal & 8 messidor derniers, en y comprenant les rentes actuellement existantes, c'est à-dire, que les citoyens âgés au-dessous de 30 ans ne pourront pas avoir une rente viagère excédant . . . . 3000 livres.

  de 30 à 40 ans 4000
  de 40 à 50 5000
  de 50 à 60 7000
  de 60 à 70 9000
  de 70 à 80 11000
  de 80 à 90 16000
  de 90 ans & au-dessus 21000

XXIV.

Les assignats qui rentreront par le placement des billets de loterie seront annullés & brûlés comme ceux provenant de la vente des domaines nationaux.

XXV.

Les billets de loterie seront distribués dans tous les districts & au lieu de la résidence de l'ambassadeur de la République en Suisse.

XXVI.

Le comité des finances arrêtera toutes les mesures pour hâter l'exécution du présent décret, & afin que tous les citoyens soient exactement instruits du jour de l'ouverture & du tirage de la loterie.

TABLE

e comité des finances, pour être jointe à fin de régler le taux de l'intérêt

Pour un capital de 100 livres.	Pour un capital de 10,000 livres.
$6 \frac{2418}{10000}$	$624 \frac{18}{100}$
$5 \frac{3766}{10000}$	$537 \frac{66}{100}$
$5 \frac{1086}{10000}$	$510 \frac{86}{100}$
$4 \frac{9480}{10000}$	$494 \frac{80}{100}$
$4 \frac{8845}{10000}$	$488 \frac{45}{100}$
$4 \frac{8246}{10000}$	$482 \frac{46}{100}$
$4 \frac{7955}{10000}$	$479 \frac{55}{100}$
$4 \frac{7881}{10000}$	$478 \frac{81}{100}$
$4 \frac{8049}{10000}$	$480 \frac{49}{100}$
$4 \frac{8396}{10000}$	$483 \frac{96}{100}$

TÊTE.

Âge			
23 ans		$5\frac{5103}{10000}$	$551\frac{3}{100}$
24		$5\frac{5608}{10000}$	$556\frac{8}{100}$
25		$5\frac{6136}{10000}$	$561\frac{36}{100}$
26		$5\frac{6683}{10000}$	$566\frac{83}{100}$
27		$5\frac{7251}{10000}$	$572\frac{51}{100}$
28		$5\frac{7840}{10000}$	$578\frac{40}{100}$
29		$5\frac{8456}{10000}$	$584\frac{56}{100}$
30		$5\frac{9095}{10000}$	$590\frac{9}{100}$
31		$5\frac{9766}{10000}$	$597\frac{66}{100}$
32		$6\frac{459}{10000}$	$604\frac{59}{100}$
33		$6\frac{1188}{10000}$	$611\frac{88}{100}$
34		$6\frac{1950}{10000}$	$619\frac{50}{100}$
35		$6\frac{2743}{10000}$	$627\frac{43}{100}$
36		$6\frac{3577}{10000}$	$635\frac{77}{100}$
37		$6\frac{4454}{10000}$	$644\frac{54}{100}$
38		$6\frac{5368}{10000}$	$653\frac{68}{100}$
39		$6\frac{6335}{10000}$	$663\frac{35}{100}$
40		$6\frac{7349}{10000}$	$673\frac{49}{100}$
41		$6\frac{8399}{10000}$	$683\frac{99}{100}$
42		$6\frac{9488}{10000}$	$694\frac{88}{100}$
43		$7\frac{614}{10000}$	$706\frac{14}{100}$
44		$7\frac{1793}{10000}$	$717\frac{93}{100}$
45		$7\frac{3035}{10000}$	$730\frac{35}{100}$
46		$7\frac{4349}{10000}$	$743\frac{49}{100}$
47		$7\frac{5740}{10000}$	$757\frac{40}{100}$
48		$7\frac{7234}{10000}$	$772\frac{34}{100}$
49		$7\frac{8784}{10000}$	$787\frac{84}{100}$
50		$8\frac{412}{10000}$	$804\frac{12}{100}$
51		$8\frac{2052}{10000}$	$820\frac{52}{100}$

Rapport par Cambon.

AGE DE LA TÊTE.	Pour un capital de 100 livres.	Pour un capital de 10,000 livres.
52 ans	8 $\frac{3822}{10000}$	838 $\frac{22}{100}$
53	8 $\frac{5660}{10000}$	856 $\frac{60}{100}$
54	8 $\frac{7612}{10000}$	876 $\frac{12}{100}$
55	8 $\frac{9686}{10000}$	896 $\frac{86}{100}$
56	9 $\frac{2370}{10000}$	923 $\frac{70}{100}$
57	9 $\frac{4242}{10000}$	942 $\frac{42}{100}$
58	9 $\frac{6740}{10000}$	967 $\frac{40}{100}$
59	9 $\frac{9423}{10000}$	994 $\frac{23}{100}$
60	10 $\frac{2281}{10000}$	1022 $\frac{81}{100}$
61	10 $\frac{5341}{10000}$	1053 $\frac{41}{100}$
62	10 $\frac{8637}{10000}$	1086 $\frac{37}{100}$
63	11 $\frac{2233}{10000}$	1122 $\frac{33}{100}$
64	11 $\frac{6117}{10000}$	1161 $\frac{17}{100}$
65	12 $\frac{424}{10000}$	1204 $\frac{24}{100}$
66	12 $\frac{5094}{10000}$	1250 $\frac{94}{100}$
67	13 $\frac{174}{10000}$	1301 $\frac{74}{100}$
68	13 $\frac{5740}{10000}$	1357 $\frac{40}{100}$
69	14 $\frac{1824}{10000}$	1418 $\frac{24}{100}$
70	14 $\frac{8500}{10000}$	1485 $\frac{}{100}$
71	15 $\frac{5812}{10000}$	1558 $\frac{12}{100}$
72	16 $\frac{3854}{10000}$	1638 $\frac{54}{100}$
73	17 $\frac{2592}{10000}$	1725 $\frac{92}{100}$
74	18 $\frac{2116}{10000}$	1821 $\frac{16}{100}$
75	19 $\frac{2345}{10000}$	1923 $\frac{45}{100}$
76	20 $\frac{3046}{10000}$	2030 $\frac{46}{100}$
77	21 $\frac{4961}{10000}$	2149 $\frac{61}{100}$
78	22 $\frac{8728}{10000}$	2287 $\frac{28}{100}$
79	24 $\frac{5278}{10000}$	2452 $\frac{78}{100}$
80	26 $\frac{4480}{10000}$	2644 $\frac{80}{100}$

AGE DE LA TÊTE.	Pour un capital de 100 livres.	Pour un capital de 10,000 livres.
81 ans	28 $\frac{5796}{10000}$	2857 $\frac{96}{100}$
82	30 $\frac{9693}{10000}$	3096 $\frac{93}{100}$
83	33 $\frac{5345}{10000}$	3353 $\frac{45}{100}$
84	35 $\frac{8038}{10000}$	3580 $\frac{38}{100}$
85	38 $\frac{1679}{10000}$	3816 $\frac{79}{100}$
86	40 $\frac{6339}{10000}$	4063 $\frac{39}{100}$
87	43 $\frac{2526}{10000}$	4325 $\frac{26}{100}$
88	45 $\frac{7666}{10000}$	4576 $\frac{66}{100}$
89	49 $\frac{6278}{10000}$	4962 $\frac{78}{100}$
90	55 $\frac{7414}{10000}$	5574 $\frac{14}{100}$

TABLE

Pour régler le taux de la rente viagère, équivalente à un intérêt perpétuel de 4 pour cent, proposée par Cambon, non adoptée par le comité des finances.

AGE DE LA TÊTE.	Pour un capital de 100 livres.	Pour un capital de 10,000 livres.
1 an.	$7 \frac{4267}{10000}$	$742 \frac{67}{100}$
2 ans	$6 \frac{3967}{10000}$	$639 \frac{67}{100}$
3.	$6 \frac{746}{10000}$	$607 \frac{46}{100}$
4.	$5 \frac{8727}{10000}$	$587 \frac{27}{100}$
5.	$5 \frac{7978}{10000}$	$579 \frac{78}{100}$
6.	$5 \frac{7202}{10000}$	$572 \frac{2}{100}$
7.	$5 \frac{6783}{10000}$	$567 \frac{83}{100}$
8.	$5 \frac{6619}{10000}$	$566 \frac{19}{100}$
9.	$5 \frac{6738}{10000}$	$567 \frac{38}{100}$
10.	$5 \frac{7063}{10000}$	$570 \frac{63}{100}$
11.	$5 \frac{7494}{10000}$	$574 \frac{94}{100}$
12.	$5 \frac{7965}{10000}$	$579 \frac{65}{100}$
13.	$5 \frac{8469}{10000}$	$584 \frac{69}{100}$
14.	$5 \frac{8997}{10000}$	$589 \frac{97}{100}$
15.	$5 \frac{9556}{10000}$	$595 \frac{56}{100}$
16.	$6 \frac{150}{10000}$	$601 \frac{50}{100}$
17.	$6 \frac{746}{10000}$	$607 \frac{46}{100}$
18.	$6 \frac{1375}{10000}$	$613 \frac{75}{100}$
19.	$6 \frac{1854}{10000}$	$618 \frac{54}{100}$
20.	$6 \frac{2371}{10000}$	$623 \frac{71}{100}$
21.	$6 \frac{2846}{10000}$	$628 \frac{46}{100}$
22.	$6 \frac{3303}{10000}$	$633 \frac{3}{100}$

TÊTE.	100 livres.	10,000
23 ans	$6 \frac{3776}{10000}$	$637 \frac{76}{100}$
24	$6 \frac{4267}{10000}$	$642 \frac{67}{100}$
25	$6 \frac{4775}{10000}$	$647 \frac{75}{100}$
26	$6 \frac{5308}{10000}$	$653 \frac{8}{100}$
27	$6 \frac{5859}{10000}$	$658 \frac{59}{100}$
28	$6 \frac{6432}{10000}$	$664 \frac{32}{100}$
29	$6 \frac{7033}{10000}$	$670 \frac{33}{100}$
30	$6 \frac{7654}{10000}$	$676 \frac{54}{100}$
31	$6 \frac{8311}{10000}$	$683 \frac{11}{100}$
32	$6 \frac{8980}{10000}$	$689 \frac{80}{100}$
33	$6 \frac{9702}{10000}$	$697 \frac{2}{100}$
34	$7 \frac{447}{10000}$	$704 \frac{47}{100}$
35	$7 \frac{1230}{10000}$	$712 \frac{30}{100}$
36	$7 \frac{2046}{10000}$	$720 \frac{46}{100}$
37	$7 \frac{2908}{10000}$	$729 \frac{8}{100}$
38	$7 \frac{3812}{10000}$	$738 \frac{12}{100}$
39	$7 \frac{4766}{10000}$	$747 \frac{66}{100}$
40	$7 \frac{5775}{10000}$	$757 \frac{75}{100}$
41	$7 \frac{6817}{10000}$	$768 \frac{17}{100}$
42	$7 \frac{7894}{10000}$	$778 \frac{94}{100}$
43	$7 \frac{9008}{10000}$	$790 \frac{8}{100}$
44	$8 \frac{180}{10000}$	$801 \frac{80}{100}$
45	$8 \frac{1413}{10000}$	$814 \frac{13}{100}$
46	$8 \frac{2720}{10000}$	$827 \frac{20}{100}$
47	$8 \frac{4104}{10000}$	$841 \frac{4}{100}$
48	$8 \frac{5580}{10000}$	$855 \frac{80}{100}$
49	$8 \frac{7146}{10000}$	$871 \frac{46}{100}$
50	$8 \frac{8778}{10000}$	$887 \frac{78}{100}$
51	$9 \frac{440}{10000}$	$904 \frac{40}{100}$

AGE DE LA TÊTE.	Pour un capital de 100 livres.	Pour un capital de 10,000 livres.
52 ans	$9\frac{2174}{10000}$	$921\frac{74}{100}$
53	$9\frac{4011}{10000}$	$940\frac{11}{100}$
54	$9\frac{5960}{10000}$	$959\frac{60}{100}$
55	$9\frac{8030}{10000}$	$980\frac{30}{100}$
56	$10\frac{231}{10000}$	$1002\frac{31}{100}$
57	$10\frac{2575}{10000}$	$1025\frac{75}{100}$
58	$10\frac{5086}{10000}$	$1050\frac{86}{100}$
59	$10\frac{7759}{10000}$	$1077\frac{59}{100}$
60	$11\frac{632}{10000}$	$1106\frac{32}{100}$
61	$11\frac{3701}{10000}$	$1137\frac{1}{100}$
62	$11\frac{7000}{10000}$	1170 //
63	$12\frac{813}{10000}$	$1206\frac{13}{100}$
64	$12\frac{4533}{10000}$	$1245\frac{33}{100}$
65	$12\frac{8849}{10000}$	$1288\frac{49}{100}$
66	$13\frac{3547}{10000}$	$1335\frac{47}{100}$
67	$13\frac{8677}{10000}$	$1386\frac{77}{100}$
68	$14\frac{4300}{10000}$	1443 //
69	$15\frac{44}{10000}$	$1504\frac{44}{100}$
70	$15\frac{7208}{10000}$	$1572\frac{8}{100}$
71	$16\frac{4609}{10000}$	$1646\frac{9}{100}$
72	$17\frac{2712}{10000}$	$1727\frac{12}{100}$
73	$18\frac{1587}{10000}$	$1815\frac{87}{100}$
74	$19\frac{1205}{10000}$	$1912\frac{5}{100}$
75	$20\frac{1532}{10000}$	$2015\frac{32}{100}$
76	$21\frac{2314}{10000}$	$2123\frac{14}{100}$
77	$22\frac{4366}{10000}$	$2243\frac{66}{100}$
78	$23\frac{8265}{10000}$	$2382\frac{65}{100}$
79	$25\frac{5037}{10000}$	$2550\frac{37}{100}$
80	$27\frac{4499}{10000}$	$2744\frac{99}{100}$

is proposé au comité des finances de régle
d'après les bases fixées pour chaque âge, à
s ; mais je proposai en même-temps de ne
ment des bons au porteur, en inscriptions via
condition de fournir en même temps moitié
en assignats, c'est-à-dire, 500 liv. en assign
de 1,000 liv.
mité réforma cette proposition : la Conven
si elle doit être préférée, ou s'il ne convien
tant l'avis du comité, de laisser l'option aux

PROJET DE DÉCRET

PRÉSENTÉ

AU NOM DU COMITÉ DES FINANCES,

Pour retirer des assignats de la circulation par le prompt paiement des domaines nationaux vendus, & en admettant en paiement les inscriptions sur le grand livre.

La Convention nationale, après avoir entendu le rapport du comité des finances, décrète :

ARTICLE PREMIER.

Les inscriptions sur le grand livre de la dette consolidée seront admises, jusqu'au premier vendémiaire an 4, en paiement des domaines nationaux vendus ou à vendre, aux conditions portées aux articles suivans.

II.

Elles seront calculées par vingt fois leur montant annuel, lorsqu'on fournira en même temps trois fois la même valeur en assignats ; & par seize fois leur montant annuel, lorsqu'on fournira en même temps pareille somme en assignats : en l'un & l'autre cas, les acquéreurs seront tenus de solder l'objet sur lequel ils entreront en paiement.

III.

Ceux qui voudront remettre des inscriptions en paiement des domaines nationaux seront tenus de prouver, par un certificat du receveur de district, quelle est la somme qu'ils doivent sur le bien dont ils veulent solder le paiement.

IV.

Les promesses de fournir les inscriptions sur le *grand livre* de la dette consolidée seront admises à la trésorerie comme les inscriptions, après avoir été visées par le directeur du *grand livre*, ou par un préposé qui sera commis à cet effet.

V.

Il n'est point dérogé à l'article 202 de la loi du 24 août 1793, qui accordoit aux créanciers directs de la nation pour créances exigibles soumises à la liquidation, qui ont acheté des domaines nationaux avant le premier octobre 1791, la faculté d'en acquitter le montant avec le produit de leurs inscriptions provenant desdites liquidations, en les calculant par 20 fois leur montant ; lequel continuera d'avoir son exécution, ainsi qu'envers les personnes qui, ayant acquis aussi des domaines nationaux avant le premier octobre 1791, auront été forcées par la loi de recevoir de leur débiteur l'inscription provenant desdites liquidations.

Article proposé par Cambon, non adopté par le comité des finances.

Il sera alloué une prime de cinq pour cent sur les sommes non échues dans l'an 3, aux personnes qui solderont *en assignats*, d'ici au premier vendémiaire an 4, l'entier montant dû à la Nation pour l'acquisition d'un domaine national déja vendu.

A compter du premier pluviôse prochain, tous les
ns réunis au domaine national, quelle que soit leur
gine, feront vendus en la même forme & aux mêmes
ditions.

I I.

Les ventes ne pourront être faites que les feptidi,
idi & nonidi de chaque décade; les féances com-
nceront à neuf heures du matin; & les affiches fe-
t appofées le jour de la décade précédente au plus
l.

I I I.

Les acquéreurs folderont dans le mois, & avant d'entrer
poffeffion, le quart du montant de leurs adjudica-
1s; le furplus fera payé en douze années fuivant les
nes accoutumées.

I V.

Le procès-verbal de la vente confentie par la nation ne fera affujéti qu'à un droit d'enregiftrement de vingt fous.

Les reventes, même la déclaration d'amis ou de command, qui ne fera pas faite dans les vingt-quatre heures de la vente, feront affujéties à la perception du droit ordinaire.

V.

Les acquéreurs des biens qui feront vendus poftérieurement au premier ventôfe prochain, & qui folderont en affignats, avant le premier vendémiaire, le prix de l'objet vendu, jouiront d'une prime de cinq pour cent pour tout acquis excédant le quart du prix.

V I.

Les actes d'emprunt confentis par les acquéreurs des biens nationaux pour acquitter le prix de leur acquifition en tout ou en partie, ne feront foumis qu'à un fimple droit d'enregiftrement de vingt fous, à la charge par l'emprunteur de préfenter au *vifa* de l'enregiftrement, conjointement avec l'acte, le récépiffé du receveur de diftrict, conftatant que le paiement a été effectué avec les fonds empruntés.

PROJET DE DÉCRET

Pour accélérer la vente du mobilier de émigrés, déportés & condamnés;

PRÉSENTÉ AU NOM DU COMITÉ DES FINANCES.

La Convention nationale, après avoir entendu le rapport de son comité des finances, décrète ce qui suit :

Article premier.

Le mobilier appartenant à la République, ou acqu[is] par droit de confiscation, déshérence ou autrement, se[ra] distingué en quatre classes.

La première sera composée des effets précieux de[s]tinés à être placés au Muséum national ;

La seconde, des meubles bons à conserver, comm[e] pouvant être utilement employés dans les bureaux de [la] Convention nationale & autres établissemens publics ;

éront à chaque meuble ou effet
ils rapporteront un numéro d'or-
l'objet & la valeur qu'ils lui don-
tuquel il pourroit être porté à la

fuite, fur l'inventaire, le contenu
en additionneront le montant.

V.

les inventaires une colonne en
les commiſſaires aux ventes rap-
du prix auquel l'objet vendu fera

VI.

commiſſaires experts procéderont
ils feront tranſporter les effets in-
ur nature, dans les lieux déſignés
joindront aux envois l'extrait de
aux articles expédiés ; ils dépoſe-

La commiffion des revenus nationaux tiendra la main à ce que les gardiens ceffent toutes fonctions à mefure qu'elles deviendront fans objet.

VIII.

Les commiffaires aux ventes rapporteront, fur la colonne laiffée en blanc fur l'extrait de l'inventaire mentionné en l'article VII, le prix auquel les effets feront vendus, à la chaleur des enchères.

DE L'IMPRIMERIE NATIONALE
Pluviôfe, an III.